Die Würfel sind gefallen

Die Würfel sind gefallen

Spiele und Spielzeug im alten Rom

Electa

Auf der Titelseite
Hühnerstall, Abdruck. Rom,
Museo della Civiltà Romana
Das Original befindet sich in Köln,
Walraff-Richartz-Museum

Die Würfel sind gefallen
Spiele und Spielzeug im alten Rom

Reiss-Museum Mannheim, Museum für Archäologie, Völkerkunde und Naturkunde D 5
4. Juni-30. September 2000
Trier, Rheinisches Landesmuseum, Weimarer Allee 1
1. November 2000-7. Januar 2001

Schirmherrschaft
Ministero degli Affari Esteri, Roma

Gefördert von der
Città di Torino, Divisione Servizi Educativi

Ehrenkomitee
Staatsministerin Dr. Rose Götte, Ministerium für Kultur, Jugend, Familie und Frauen, Mainz;
Gianfranco Facco Bonetti, Direttore Generale per la Promozione e la Cooperazione Culturale del Ministero degli Affari Esteri;
Mons. Francesco Marchisano, Presidente Pontificia Commissione di Archeologia Sacra;
Paola Pozzi, Assessore ai Sistemi Educativi del Comune di Torino;
Friedrich-Wilhelm von Hase, Oberkonservator, Leiter der Öffentlichkeitsarbeit, Römisch - Germanisches Zentralmuseum;
Onorato Castellino, Presidente della Compagnia di San Paolo;
Angelo Bottini, Soprintendente archeologo per la Toscana;
Stefano De Caro, Soprintendente archeologo di Napoli e Caserta;
Adriano La Regina, Soprintendente archeologo di Roma;
Eugenio La Rocca, Sovraintendente ai Beni Culturali del Comune di Roma;
Giulia Molli Boffa, Soprintendente archeologo reggente del Piemonte

Wissenschaftliche Mitarbeiter
Fabrizio Bisconti, Pontificia Commissione di Archeologia Sacra, Roma;
Maria Rosaria Borriello, Museo Nazionale Archeologico, Napoli;
Claudia Braun, Reiss-Museum Mannheim;
Luisa Brecciaroli, Museo di Antichità di Torino;
Thomas Fontaine, Rheinisches Landesmuseums Trier;
Hans-Peter Kuhnen, Rheinisches Landesmuseum, Trier;
Anna Maria Liberati, Museo della Civiltà romana, Roma;
Leila Nista, Museo Nazionale Romano, Roma;
Stefan Pfahl, Rheinisches Landesmuseum Trier;
Luisa Reiblich, Reiss-Museum Mannheim;
Carla Salvetti, Antiquarium Comunale, Roma;
Eugenia Salza Prina Ricotti, Socio corrispondente Pontificia Commissione di Archeologia Sacra, Roma;
Frank Unruh, Rheinisches Landesmuseum Trier;
Alfried Wieczorek, Reiss Museum Mannheim;
Bruder Jakobus Wilhelm, OSB, Rheinisches Landesmuseum Trier

Ausstellungskoordination
Anna Maria Liberati, Museo della Civiltà romana, Roma

Konzeption von Ausstellung und Katalog
unter der Leitung von Marco Fittà

Organisation
Associazione Culturale Hermes, Arbizzano (Vr)

Ausstellungsleitung
für Mannheim
Alfried Wieczorek, Claudia Braun, Luisa Reiblich
für Trier
Hans-Peter Kuhnen, Rheinisches

Landesmuseum Trier
Margarethe König, Rheinisches Landesmuseum Trier

Ausstellungstexte
für Mannheim
Claudia Braun; Luisa Reiblich; Alfried Wieczorek
für Trier
Thomas Fontaine, Rheinisches Landesmuseum Trier;
Frank Unruh, Rheinisches Landesmuseum Trier;
Bruder Jakobus Wilhelm, OSB, Rheinisches Landesmuseum Trier

Museumspädagogisches Rahmenprogramm
für Mannheim
Maria Carla Rizzolo, Responsabile del Progetto Gioco;
Tiziana Gedda, insegnante presso il Centro per la Cultura Ludica, Divisione Servizi Educativi;
Patricia Pfaff, Reiss Museum, Mannheim
für Trier
Lothar Schwinden, Rheinisches Landesmuseum Trier

Aufbau
für Mannheim
Bernd Hoffmann, Ulrich Debus unter Mitarbeit von Robert Leicht, Wolfgang Lickert, Orazio Petrosino, Norbert Pfeiffer und Giuseppe Presentato
für Trier
Erich Christmann, Maria G. Doerfert, Ludwig Eiden, Maria Hammes, Nicole Kasparek, Alexandra Lutz, Egon Lutz, Wilhelm Möhn, Paul Roth (Rheinisches Landesmuseum Trier)

Ausstellungsgraphik
für Mannheim
Franz & Neumayer; Luisa Reiblich
für Trier
Franz-Josef Dewald, Rheinisches Landesmuseum Trier

Photographien
Sandro Tinti, Arbizzano (Vr)

Medienarbeit und Marketing
für Mannheim
Luisa Reiblich
für Trier
Margarethe König, Rheinisches Landesmuseum Trier

Übersetzungen
Claudia Braun

Leihgeber
Milano, Museo Teatrale alla Scala;
Firenze, Museo Archeologico;
Roma, Musei Capitolini;
Roma, Antiquarium comunale;
Roma, Museo Nazionale Romano;
Roma, Museo della Civiltà Romana;
Ostia, Museo Archeologico;
Napoli, Museo Nazionale Archeologico;
Città del Vaticano, Pontificia Commissione di Archeologia sacra

Versicherung
Ina Assitalia, Roma

Transport
Montenovi Srl., Roma

Für die Mitarbeit danken wir
Laura Ferrea, Antiquarium comunale di Roma;
Paola Fraiegari, Museo Nazionale romano di Roma;
Marinella Lista, Museo Nazionale Archeologico di Napoli;
Marina Mattei, Musei Capitolini di Roma;
Marina Ricci; Valeria Sampaolo;
Maria-Aurora von Hase

Unser besonderer Dank
gilt der Compagnia di San Paolo di Torino

Die Ausstellung "Spiele und Spielzeug im alten Rom" wurde von der Stadt Turin in Zusammenarbeit mit der Generaldirektion für die Förderung und die kulturelle Zusammenarbeit des Außenministeriums organisiert. Sie zeigt archäologische Funde von großem Interesse, mit Hilfe derer sich die antiken Wurzeln vieler Spiele, die noch heute gespielt werden, wiederentdecken lassen.
Von Turin geht die Ausstellung nach Mannheim ins Reiss-Museum und anschließend ins Rheinische Landesmuseum nach Trier. Sie reiht sich somit in die schon seit längerer Zeit funktionierende und gewinnbringende Zusammenarbeit ein, sowohl mit den deutschen Museumseinrichtungen, als auch auf politischer Ebene im Hinblick auf die Aufwertung unseres archäologischen Erbes, die eine immer größer werdende Zustimmung findet und positive Ergebnisse liefert.
Mein wärmster Dank geht an alle, die in beiden Ländern an der Verwirklichung einer so wichtigen Veranstaltung mitgearbeitet haben.

Gianfranco Facco Bonetti
Direttore Generale per la Promozione
e la Cooperazione Culturale
del Ministero degli Affari Esteri

"Der Würfel ist gefallen".
Der berühmte Ausspruch, mit dem Cäsar beim Überschreiten des Flusses Rubico den Bürgerkrieg gegen seine innenpolitischen Rivalen eröffnete, zeigt, wie ernst auch ein erwachsener Römer das Spielen nahm.

Wie beliebt bei Jung und Alt das Spiel im römischen Italien war, läßt sich an den zahlreichen glänzenden Exponaten der vorliegenden Ausstellung ermessen, die auf Initiative von Marco Fittà von Turin über die Alpen bis nach Trier kommt. Bedeutende Leihgaben aus namhaften Museen Italiens und des Vatican führen dem Besucher den Reichtum der einschlägigen italienischen Sammlungen vor. In der Gegenüberstellung mit den entsprechenden Funden aus Trier erkennen wir jedoch auch die engen kulturellen Beziehungen zu Italien, und stellen fest, daß die Romanisierung der Treverer selbst vor den Spielstuben und Kinderzimmern der Römermetropole an der Mosel nicht halt machte.

Das Rheinische Landesmuseum Trier stellt deshalb neben den Leihgaben aus Italien auch eine charakteristische Auswahl von Spielzeugfunden aus dem römischen Trier vor, das damit ein weiteres Mal seinen Anspruch als "Rom an der Mosel" geltend macht. Erfreulicherweise handelt es sich fast durchweg um Funde, die das Rheinische Landesmuseum Trier als Denkmalfachbehörde und "grabendes Museum" selbst geborgen hat, so daß in aller Regel auch der zur Beurteilung wichtige Fundkontext bekannt ist.

Der Stolz auf die eigene Sammlung soll jedoch nicht ablenken vom Glanz der Funde aus Rom, Pompeji und anderen großen Römerorten Italiens. Deshalb ist das Rheinische Landesmuseum Trier seinen italienischen Leihgebern sehr dankbar dafür, daß sie wichtige Kostbarkeiten in kollegialem Vertrauen auf die weite Reise über die Alpen geschickt haben. Wir danken auch dem Ministero degli Affari Esteri in Rom, der Stadt Turin und der Fondazione San Paolo, die die Finanzierung des Vorhabens sichergestellt haben, sowie Frau A. von Haase, Mannheim, die immer wieder wichtige Vermittlerdienste geleistet hat. Ein ganz besonders herzlicher Dank gilt Anna Maria Liberati, der

Direktorin des Museo della Civiltà Romana in Rom, die die wissenschaftliche Koordination des Projektes übernommen hat, und Marco Fittà, ohne dessen Engangement, Zuversicht und liebenswürdige Energie die Ausstellung nicht zustande gekommen wäre. In den Dank eingeschlossen sind schließlich auch die im Impressum genannten Mitarbeiterinnen und Mitarbeiter des Rheinischen Landesmuseums Trier, die zum Gelingen der Ausstellungsprojekte in Trier beitragen.

Mögen Spiele und Spielzeug des antiken Rom auch im modernen Trier und seinem Umland viele Freunde finden.

Hans-Peter Kuhnen
Direktor des Rheinischen Landesmuseums Trier

"Alea iacta est – der Würfel ist gefallen" – mit diesen Worten vertraute sich Cäsar beim Überschreiten des Rubicon der Göttin seines politischen Glückes an. Vielleicht war er sich seines Sieges deswegen so sicher, weil er schon als Kind beim Spiel mit den Nüssen erfolgreich gewesen war. Dieses Spiel gehörte so sehr zum Leben der kleinen Römer, daß "die Jahre des Nüsse-Spiels" geradezu zum Synonym für die Kindheit wurden. Und wie die Kinder die Nüsse, liebten die Erwachsenen die Würfel; bei Sueton lesen wir von der Leidenschaft der Kaiser für das Glücksspiel.

Freude und Trauer über Gewinn und Verlust sind längst vergangen, geblieben sind uns lediglich die Würfel selbst. Zusammen mit Wandmalereien, Reliefs, Statuen, Terracotten, Vasen und vielen anderen archäologischen Fundstücken sind sie nun in einer Ausstellung zu sehen, die sich dem Thema des Spielens im antiken Roma widmet. Dank der umfangreichen Forschungsarbeiten von Marco Fittà konnten zum ersten Mal Zeugnisse für die Art und Weise des Spielens sowie viele erhaltene Spielsachen zusammengetragen werden. Der Koordination von Anna Maria Liberati ist es zu verdanken, daß die bedeutendsten Museen Italiens ihre Magazine öffneten und Leihgaben zur Verfügung stellten, von denen manche zum ersten Mal der Öffentlichkeit präsentiert werden. Wir danken dem Ministero degli Affari Esteri in Rom für die Schirmherrschaft über die Ausstellung.

Die Würfel fielen auch glücklich für das Reiss-Museum Mannheim, denn es darf die Ausstellung dank der Vermittlung von Friedrich-Wilhelm von Hase als erste deutsche Station nach dem Auftakt in Turin präsentieren. Die Mitarbeiterinnen und Mitarbeiter im Reiss-Museum, allen voran Claudia Braun, Luisa Reiblich und Bernd Hoffmann, ließen sich von alter und neuer Spielfreude anstecken und tragen mit ihrem Einsatz zum Gelingen bei. Insbesondere das museumspädagogische Begleitprogramm für diese Ausstellung fällt dank des Einsatzes von Patricia Pfaff, Sybille Wiedenbach, Jean Christen und Tanja Vogel außergewöhnlich reichhaltig aus. Ihnen allen sei herzlich gedankt.
Die Ausstellung wendet sich an Erwachsene und Kinder

gleichermaßen, denn sie zeigt die reizvolle Spielwelt der Kinder mit ihren Puppen und Miniaturen und sie lenkt den Blick gleichzeitig auf die Bedeutung des Spielens, die sich seit der fernen römischen Vergangenheit bis heute nicht allzu sehr geändert hat: Im Spiel wird soziale Kompetenz und strategisches Denken, Vertrauen auf das eigene Glück und nicht zuletzt Verlieren eingeübt.

Mit Nachbildungen der antiken Spielbretter und Spielgeräte laden wir unsere großen und kleinen Besucherinnen und Besucher zum Erproben des eigenen Glückes ein. Gewinnen werden sie in jedem Falle, denn das Spielen nach den Regeln, wie sie aus der Vergangenheit überliefert sind, läßt diese lebendig werden und öffnet einen Weg des Wissens, wie er vergnüglicher nicht sein kann.

Alfried Wieczorek
Reiss-Museum Mannheim

INHALT

DIE SPIELE DER KINDER

Wenn wir in im Altertum die Wurzeln der Spiele entdecken, die wir lieben, vermittelt uns das den Eindruck einer vertrauten Kontinuität, als ob sich das Kind von gestern mit seiner ganzen Welt und seiner ganzen Begeisterung an die heutige anknüpfte und ein Kontinuum schaffte, einen heiteren Reigen, in dem sich Jahrtausende Geschichte fröhlich miteinander verbinden und fast aufheben.

"Wenn ein erwachsener, schon bärtiger Mann es lieben würde, kleine Häuser zu bauen, Mäuse an einen Karren zu binden, anfinge auszulosen oder über Stöcke zu springen, würde ihn der Wahnsinn quälen.
... und doch ist es genau dieses Spielen im Sand, wie, als ich Kind war...", schrieb Horaz.

Kind in der Wiege mit Rassel, Grabstein 3. Jh. n. Chr., Katakomben des Apronianus.

Das Spielzeug

Dichter und Schriftsteller schrieben über die Spiele und was die römische Kultur betrifft, so wissen wir, daß Svetonius diesem Thema sogar zwei Bücher gewidmet hat, die aber leider verloren gingen: eins *Über die Kinderspiele der Griechen* und das andere über die römischen Kinderspiele.

Im antiken Rom verschenkte man Spiele zur Geburt, oder genauer gesagt, an dem Tag, an dem die Eltern dem Neugeborenen einen Namen gaben, oder auch zum Geburtstag oder zu den Saturnalien oder den Sigillaria, dem Fest, das die Saturnalien fortsetzte und beschloß.

Wettrennen mit Reifen im Zirkus, Vorderseite eines Sarkophags, zweite Hälfte des 3. Jh. n.Chr. Rom, Museo nazionale romano

Rassel, Abdruck. Rom, Museo della Civiltà Romana. Das Original befindet sich in Köln, Walraff-Richartz-Museum

Dies war eine Zeit der Ferien, während derer es Brauch war, sich zu beschenken, vor allem mit Wachskerzen, kleinen Darstellungen von Gottheiten oder Puppen aus Teig oder Ton, verschiedenen Lebensmitteln und Nüssen.

Zu den Spielsachen können wir auch die Milchflaschen rechnen, die nicht nur einen praktischen Zweck erfüllten. Ihre lebendigen Farben und Dekorationen sollten das Neugeborene ansprechen und dessen Aufmerksamkeit wecken, z.B. durch das Geräusch, das ein kleiner Ball oder ein Stein im Inneren erzeugte.

Gegenstände dieser Art begleiteten die Jüngsten auch bis ins Jenseits, und diesem Brauch ist es zu verdanken, daß sie uns heute in den verschiedensten Ausführungen erhalten sind.

Die Erfindung der Rasseln wird Archita, einem pythagoreischen Philosoph aus Taranto, zugeschrieben. Es handelt sich hierbei eigentlich um Schellen, die das Kind bis zur Stätte der ewigen Ruhe begleiteten.

Sie waren das erste Spielzeug der Kleinsten. Die Römer nannten sie *crepitàcula* und *crepundia*, in Ableitung von dem Verb *crepare*, Lärm verursachen.

Mit diesem Begriff wurden auch die Amulette und Anhänger bezeichnet, die die Kinder am Hals trugen und die häufig ein Erkennungszeichen waren.

Die Rasseln oder *tintinnàbula* der Kinder aus wohlhabenden Familien waren sicher aus Metall, während die der ärmeren Kinder höchstens aus Ton sein konnten, mit einem kleinen Stein oder einer oder mehreren Glaskugeln in ihrem Inneren. Sie sollten aber nicht nur ablenken, die Ammen benutzten sie auch, um ihren Schlafliedern, mit denen sie das Neugeborene in den Schlaf sangen, Rhythmus zu verleihen. Viele von ihnen hatten die Form eines Tieres, oft Phantasietiere, wie z.B. ein Vogel mit Hirschgeweih, oder ein kleines Schwein, und manchmal hatten sie ein menschenähnliches Aussehen. Der Gebrauch von Rasseln und Schellen war in allen Kulturen, in der ägyptischen, der griechischen und römischen üblich, außerdem war dieses Spiel aber auch das Symbol des Kindesalters, wie uns ein Grabstein belegt, der in den Katakomben des Apronianus in Rom gefunden wurde, und auf dem ein Kind dargestellt ist, das in seiner Wiege liegt und mit einer Rassel spielt.

Während der Christenverfolgung in römischer Zeit vergruben die Eltern die Körper ihrer Kinder in den Katakomben und um das Grab zu erkennen, legten oder mauerten sie darauf die Puppe der verstorbenen Tochter, oder kleine Gefäße oder Spardosen aus Ton (sie sind identisch mit den heutigen Spardosen), kleine Masken aus Elfenbein oder Ton, Bullen, und am häufigsten Schellen, damit sie in der Dunkelheit der unterirdischen Gänge die Grabstätte besser wiederfanden. Auf einigen Spardosen sind Gottheiten abgebildet oder personifizierte Darstellungen wie zum Beispiel Isis oder die Siegesgöttin, aber zwei, die im Museo nazionale archeologico in Neapel aufbewahrt werden, sind ungewöhnlich, weil sie einen Geldschrank darstellen.

Da die Mädchen im Altertum sehr jung heirateten, oft schon im Alter von zwölf Jahren, war es durchaus normal, daß sie bis zum Tag der Hochzeit noch mit Puppen spielten. Am Vortag der Hochzeitszeremonie weihte das junge Mädchen die eigene Puppe den Göttinnen Artemis oder Aphrodite, um den Übergang von der Welt des Kindes zu der Welt der erwachsenen Frau, als Ehefrau und zukünftige Mutter, zu bekräftigen.

Dagegen legten die römischen Mädchen in archaischer Zeit die eigenen Puppen auf den Altar der Laren.

Bei dieser Art von Objekten ist es allerdings schwierig, zwischen wirklichem Spielzeug und Amuletten zu unterscheiden.

Rassel, Abdruck. Rom, Museo della Civiltà Romana. Das Original befindet sich in Köln, Walraff-Richartz-Museum

Kind mit Reifen, Abdruck. Rom, Museo della Civiltà Romana. Das Original befindet sich in Padua, Museo archeologico

Die Puppen

Das beliebteste Spielzeug der Mädchen war sicher zu allen Zeiten die Puppe, die ja auch ganz eng mit den psychologischen, affektiven und propädeutischen Implikationen der weiblichen Welt verbunden ist.
Die Hersteller der Puppen wurden von den Römern Töpfer (*figuli*) genannt, das heißt, diejenigen, die den Ton verarbeiteten, um daraus Puppen herzustellen. Diese wurden dann auf dem Markt verkauft. Ton war ein häufig verwendetes Material, denn er war nicht teuer, konnte leicht beschafft werden, ließ sich gut verarbeiten, und konnte, um das Objekt noch attraktiver oder realistischer zu gestalten, dekoriert und bemalt werden.
Den Kopf der Puppe schmückte häufig eine Krone, ein Diadem oder ein Kranz. Die besseren Puppen hatten bewegliche Arme oder Beine; zu diesem Zweck brachte man Löcher an den Gliedmaßen an und verband diese dann mit Hilfe von Stiften oder Drähten.
In der Bemühung um eine immer naturalistischere Darstellung und auch um das Spielzeug im Gebrauch praktischer zu machen, verwendeten die Puppenhersteller schließlich auch Holz, Knochen und Elfenbein, und, um die Beweglichkeit der Gliedmaßen zu verbessern, konstruierten sie schließlich auch Knie- und Armgelenke.
Die berühmteste Puppe, die uns erhalten ist, ist die *pupa* von Crepereia Triphaena, die am 10. Mai 1889 in dem römischen Viertel Prati entdeckt wurde, und die Giovanni Pascoli zu einem herrlichen Gedicht in lateinischer Sprache inspirierte.
Entsprechend dem klassischen Erziehungsprinzip, nach dem die Erziehung der Kindern auch durch das Spielzeug vermittelt wer-

Puppe aus Knochen. Rom, Antiquarium comunale

Puppe. Ostia, Museo archeologico

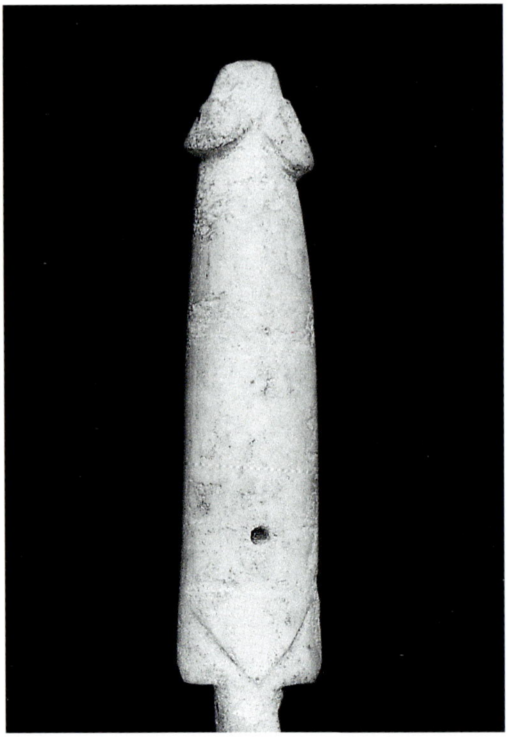

Puppe aus Knochen, Ende des 1. Jh. n.Chr. Mailand, Museo teatrale alla Scala

den sollte, bildeten einige Puppen die Gesichtszüge weiblicher Gottheiten ab. Zwei Typen waren besonders verbreitet, die Göttin Hera bzw. das Modell der Braut und die Göttin Aphrodite, die Spenderin der sinnlichen Liebe.

Die antiken Puppen konnten, wie die modernen, aus- und angezogen werden. Die Gesichter zeigten ausgeprägte Züge, Haar und Kopfbedeckungen waren aufgemalt, die Augen und die Lippen geschminkt.

Einige Puppen, die für Mädchen aus wohlhabenden Familien bestimmt waren, hatten eine wertvolle Ausstattung und trugen kostbare Kleider, wie uns eine Puppe belegt, die in einem römischen Sarkophag gefunden wurde, und die noch die Spuren eines aus Goldfäden gearbeiteten Stoffes aufweist. Andere Puppen waren ohne Gelenke und hatten nur eine festgelegte Position, z.B. sitzend, vielleicht, um eine Szene des familiären Lebens darzustellen.

Die Ausstattung der Puppen

Welches Mädchen hat nicht ihre Puppen auf einen Stuhl in Miniaturform an einen kleinen Tisch gesetzt, der für den Tee gedeckt war, oder hat sie nicht ernährt und dann ins Bett gebracht? Ein Spiel, das so alt ist wie die Welt: die Welt der Erwachsenen auf eine kindgerechte Größe zu reduzieren und dann im Spiel mit der Puppe diese Welt zu imitieren.

Auf diese Weise entdecken wir unter den archäologischen Funden Möbel und andere Einrichtungsgegenstände und Geschirr in Miniaturgröße, fein oder eher grob gearbeitet, aus kostbaren oder einfachen Materialien, und auch wenn die Archäologen eher zurückhaltend sind in der Bewertung dieser Objekte als reine Gegenstände des Spiels, rührt uns doch die Vorstellung von Mädchen, die vor 2000 Jahren Spiele spielten, die uns heute gleichermaßen vertraut sind.

Im Museo archeologico von Ostia sind z.B. Teile eines aus Blei gegossenen Geschirrs für ein Puppenhaus zu sehen: ein Diener mit Tablett, drei Opferschalen und zwei kleine Teller, ein Rost und ein Krug. Aber in ihren kindlichen Spielen kleideten und kämmten die Mädchen ihre Puppen, denn diese waren kokett und wollten sich im Spiegel bewundern. Einer dieser Spiegel ist im Museum von Ostia zusammen mit anderen Miniaturobjekten zu sehen.

In vielen Museen werden auch zahlreiche Töpfe und kleine Geschirrsätze, in schlichten Formen und aus Ton, aufbewahrt, so wie diejenigen, die von vielen Familien im Altertum benutzt wurden. Diese Gegenstände liefern uns in ihrer schlichten Alltäglichkeit einen Einblick in die kindliche Welt dieser Epoche.

Das Spiel mit Nüssen und Astragalen

Die römischen Kinder spielten verschiedene Spiele mit Nüssen, die sie statt Glaskugeln benutzen. Das Spiel mit diesen Früchten war so verbreitet, daß der Ausdruck "das Spiel der Nüsse lassen" zum Synonym für das "Verlassen der Kindheit" wurde, diese wichtige aber auch ein wenig melancholischen Wende im Leben des jungen Römers, von der Martial schreibt: "Schon traurig hat der Schüler die Nüsse hinter dem Geschrei des Lehrers verlassen".

Mit Vollendung des achtzehnten Lebensjahres legte der Junge die Toga an und hängte seine Bulle über die heimische Feuerstelle (interes-

Sarkophag, Mitte des 3. Jh. n.Chr., Abdruck. Rom, Museo della Civiltà Romana. Das Original befindet sich in den Musei Vaticani

sant ist hier die Terrakotta, die im Museo nazionale in Neapel aufbewahrt wird, die ein Kind in der Wiege mit seiner Bulle zeigt).

Sehr zahlreich sind die künstlerischen Zeugnisse dieses Spiels, die uns erhalten sind. In dem Werk *Die Nüsse*, das Ovid zugeschrieben wird, sind allein sieben verschiedene Spiele mit dieser Frucht beschrieben.

Eines dieser Spiele hieß *ludus castellorum*. Hierbei wurden drei Nüsse so nebeneinander auf den Boden gestellt, daß sie zusammen ein Dreieck formten. Anschließend ließ man von oben eine vierte Nuß leicht und mit Präzision so herunterfallen, daß diese auf den drei anderen liegen blieb.

Bei einem anderen, sehr geläufigen Spiel wurden die Nüsse so aufgestellt, daß sie eine Art Pyramide bildeten, die dann durch den Wurf anderer Nüsse aus einer bestimmten Entfernung zerschlagen werden mußte. Dieses Spiel ist auf dem Abdruck eines Sarkophags in den Vatikanischen Museen und auf einer Terrakotta im Museo archeologico nazionale in Neapel abgebildet.

In einer ausgefalleneren und schwierigeren Variante dieses Spiels setzte man eine Nuß auf die obere Kante einer schiefen Ebene und ließ diese dann die Ebene hinunterrollen, wobei man versuchen mußte, die Nuß des Gegners zu treffen und zu "fangen". Gelang der Schuß nicht, dann war die Nuß verloren.

Ein anderes Spiel mit Nüssen war das Spiel der *tropa*, das dem heutigen Minigolf ähnelt. Hierbei mußte man die Nuß nach einer vor dem Spiel festgelegten Abfolge in allen kleinen Gräben fallen lassen, bis man den letzten auf der anderen Seite der Linie erreicht hatte.

An vielen archäologischen Stätten sind die Spuren dieses Spiels zu sehen: auf den Treppen des Theaters von Mérida, in Alesia, Timgad und in Ostia auf der Treppe der Schola des Trajans und in Roma auf

Kind, das mit Nüssen spielt, Terrakotta aus Egnazia. Neapel, Museo archeologico nazionale

6

Kind, das mit Nüssen spielt, 2. Jh. n.Chr. Rom, Museo dei Conservatori

den Treppenstufen der Basilica Giulia und des Venustempels.
Wir sind jedoch der Meinung, daß dieses Spiel auch von den Erwachsenen gespielt wurde, wenn auch in einer komplexeren Form, wie einige Funde belegen, die aus einer Oberfläche mit sechzehn kleinen Gräben bestehen, von denen fünfzehn jenseits einer horizontalen Geraden liegen, und einem Monogramm aus den Buchstaben P und F, die für P(alma) und F(eliciter) stehen könnten als Anspielung auf die Palme, die dem Sieger der zirzensischen Spiele überreicht wurde.
Die Nuß wurde mit den Händen geworfen, sowohl stehend als auch sitzend, wie man an zwei Statuen des Museo dei Conservatori in Rom beobachten kann.
Die gleichen Spiele wurden auch mit den Astragalen gespielt. Der Astragal oder *talus* ist ein kleiner Knochen der Fußwurzel, auf dem Schien- und Wadenbein der Schafe oder anderer Tiere aus der gleichen Familie aufliegen. Die Funktion der Astragalen ist in etwa vergleichbar mit der der Würfel. Die grundlegenden Unterschiede lassen aber das Spiel mit den Astragalen zu einem Zeitvertreib oder je nachdem ein Glücksspiel von ganz eigener Art werden. Die Astragalen waren ein so gebräuchliches und praktisches Spielgerät für die Massen, daß man sie sogar aus anderen Materialien unterschiedlichster Art, wie Gold, Elfenbein, Bronze, Marmor oder Terrakotta, nachbaute.
Tatsächlich war der Astragal der symbolische Ausdruck des kindlichen Spiels, im Gegensatz zu den Würfeln, die ausschließlich in den Bereich der Spielwelt der Erwachsenen gehörten; in den Gräbern der Kinder und Jugendlichen wurden häufig große Mengen an Astragalen gefunden, und auch auf zahlreichen Grabstelen sind sie dargestellt, vielleicht um den frühzeitigen Tod zu dokumentieren. Vermutlich aus diesem Grund hat der unbekannte Maler im Haus der Dioskuren in Pompeji, der in seinem Gemälde Medea, die über die Tötung der eigenen Kinder nachsinnt abbildet, die arglosen Jungen beim Spiel mit den Astragalen dargestellt.

Das Versteckspiel, Fresko aus Herkulaneum. Neapel, Museo archeologico nazionale

Das Versteckspiel

Das Versteckspiel wurde auf wunderbare Weise in einem Fresko, das aus Herkulaneum stammt, dargestellt. Hier sind drei Putten abgebildet: einer verdeckt sich mit den Händen das Gesicht, um dem zweiten die Möglichkeit zu geben, sich zu verstecken, während der dritte schon hinter einer Tür steht.

Pollux bezeichnet dieses Spiel *apodidraskinda*, das heißt, das Spiel der Flucht: "Ein Spieler sitzt mit geschlossenen Augen in der Mitte, oder einer der Mitspieler hält ihm die Augen zu, damit die anderen sich verstecken können".

Das Nagelspiel

Das Nagelspiel ist uns in zwei Fresken überliefert, von denen das eine aus Pompeji, das andere aus Herkulaneum stammt.

In dem Fresko aus Herkulaneum sind sechs Spieler zu sehen. Einer steht in der Mitte, in der Hand hält er das Ende einer Kordel, die mit einem großen Nagel am Boden befestigt ist. Die anderen fünf Kinder gehen um ihn herum und versuchen ihn zu schlagen. Das Kind, das die Kordel hält, muß versuchen, eines der anderen Kinder zu berühren, ohne dabei die Kordel loszulassen. Die Strategie des Spiels besteht darin, so nah wie möglich bei dem Nagel zu bleiben, um die Mitspieler zu zwingen, sich anzunähern, denn so erhöhen sich die Chancen, einen von ihnen zu berühren.

Das Nagelspiel, Fresko aus Pompeji, 1. Jh. n.Chr. Neapel, Museo archeologico nazionale

Die Schaukel

Schon von klein auf neigt das Kind dazu, sich zu schaukeln und zu diesem Zweck benutzt es jede Art von Hilfsmittel, zuletzt, wenn es schon größer ist, die Äste der Bäume. Die Schaukel ist also schon seit undenklichen Zeiten ein Zeitvertreib. So haben wir schon Zeugnisse dafür aus minoischer und mykenischer Zeit.

Einige Schaukeln bestanden nur aus einfachen Kordeln, später befestigte man dann ein Kissen oder ein Hocker an den Kordeln, damit das Schaukeln bequemer wurde. Dieser Zeitvertreib schien vor allem den Mädchen zu gefallen, denn in der Vasenmalerei sieht man vor allem Mädchen auf der Schaukel, die von einer Spielkameradin, oder in Darstellungen mit symbolischer Bedeutung von Satyren oder von Eros angestoßen werden, wie auf einer rotfigurigen Hydria aus Kampanien im Museo teatrale alla Scala zu sehen ist.

Auch die Wippe gehört in die Gruppe der Schaukelspiele. Sie besteht aus einem Balken, der über einem Stein oder einem Baumstumpf in die Schwebe gebracht wird. Dieses Spiel ist auch heute noch, zwar aus anderen Materialien und mit anderen Techniken konstruiert, auf den Spielplätzen der Kindergärten und Parkanlagen zu sehen.

Eros stößt ein Kind auf der Schaukel an, rotfigurige Hydria aus Kampanien, zweite Hälfte des 4. Jh. v.Chr. Mailand, Museo teatrale alla Scala

Der Drachen

Das Drachenspiel ist auf einer Vase, die im Museo archeologico nazionale in Neapel zu sehen ist, dargestellt. Es handelt sich hierbei um den einzigen Fund, der uns die Existenz dieses heiteren Spiels belegt. Man sieht ein Mädchen, das in der linken Hand eine Kordel hält, und, den Kopf nach rechts gewandt, ihren Drachen in Dreiecksform betrachtet, während dieser gerade aufzusteigen beginnt.

Mädchen mit Drachen, choús. *Neapel, Museo archeologico nazionale*

Das Reiterspiel, Terrakotta. Neapel, Museo archeologico nazionale

Das Steckenpferd

Die "Kleinen" imitieren oft in ihrem Spiel das Leben der "Großen" und lassen dabei die Realität der Erwachsenen zum Spiel werden. Ein kleines Kind beobachtet seinen Vater wie dieser majestätisch auf einem Fuchs reitet, und unverzüglich nimmt er einen Stock zwischen die Beine und läuft im Galopp umher, macht Drehungen und bäumt sich auf, genauso wie ein Erwachsener.

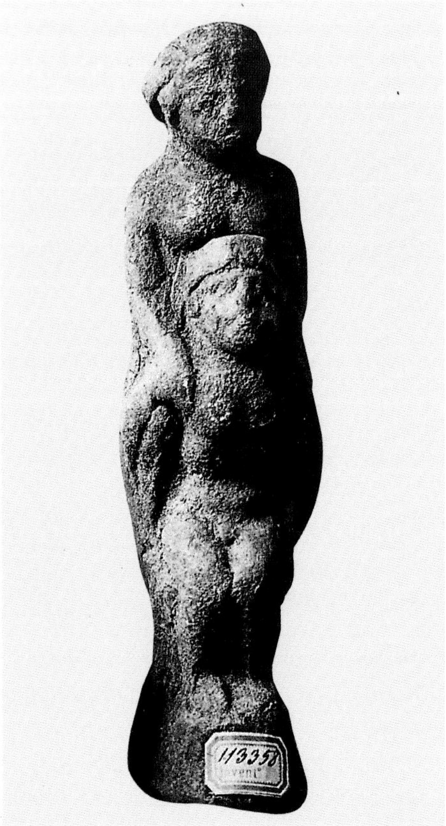

So ist zum Beispiel auf einem Krater aus Süditalien ein Stock mit einem Pferdekopf dargestellt. Und wenn nun statt des Stocks ein Spielkamerad als Pferd dienen würde? Dann wäre das Spiel noch unterhaltsamer und aufregender. Pollux nennt es *ippàs*, das heißt "des Reiters".
Diese Szene des kindlichen Spiels wird oft auf Sarkophagen und auch auf einigen Fresken dargestellt, wie zum Beispiel auf dem herrlichen Bild in der "Casa dei Vettii" in Pompeji.

Das Spiel der Wagenrennen im Zirkus

Die Römer hatten zwei große Leidenschaften: die Gladiatorenkämpfe und die Wagenrennen im Zirkus. Dione di Prusa beschreibt auf bewundernswerte Art die fanatische Begeisterung der Römer für diese Darbietungen: "Die ganze Stadt ist der Liebe für die Wagenrennen erlegen und verliert ihrer wegen den Verstand... Alte und Junge, Kinder und Frauen zeigen sich in Schwindelanfällen und im Wahn... und das ist eine der schönsten Vergnügen".
Die römischen Kinder banden zuweilen ohne Zweifel echte Tiere vor einen Karren, um sich damit zu vergnügen, Wagenrennen zu imitieren. Doch müssen die künstlerischen Darstellungen, die uns den Gebrauch von geflügelten Tieren (Hirsche, wie z.B. in verschiedenen pompejanischen Fresken), Pfauen, Enten und Vögel (ebenfalls in Fresken in Pompeji) natürlich nur als "künstlerische Freiheit" der Maler, Mosaikmaler und Bildhauer verstanden werden.
Die Tatsache, daß diese Spiele im Zirkus stattfanden, wie ein Sarkophag im Museo nazionale in Rom zeigt, läßt auch eine römische Inschrift glaubhafter erscheinen, die über den Unfall eines kleinen Wagenlenkers berichtet: "Ich bin Florus, hier bin ich gefallen, Kind und Wagenlenker einer Biga, schnell, während ich an einem Rennen teilnehmen wollte, ja, schnell bin ich gefallen und in die Unterwelt hinabgestiegen".
Wenn keine Tiere zur Verfügung standen war es durchaus üblich zwei Spielkameraden zu suchen, die sich anspannen ließen, wie auch in einem Fresko aus Herkulaneum zu sehen ist. Dieses Fresko, in dem zwei Jungen vor den Wagen gespannt sind, ist vor allem wegen des Wagenlenkers interessant, der eine Peitsche hält, ein Element, das von diesen Darstellungen nicht zu trennen ist.

Das Spiel mit Tieren

In dieser Darstellung über die Welt des römischen Kindes dürfen Tiere natürlich nicht fehlen. Der liebste Spielkamerad, den ein Kind sich wünschen kann, ist ohne Zweifel ein lebendes Tier, nicht zuletzt auch wegen seiner engen Anbindung an religiöse Bräuche.

So wurde dann auch in dem überfüllten klassischen Pantheon jeder Gottheit ein oder mehrere Tiere zugeschrieben, die deren Eigenheit unterstrich (z.B. die Eule der Athene, der Adler dem Zeus und der Tiger dem Dionysos).

Damals wie heute waren die beliebtesten Haustiere Hunde, Katzen und kleine Vögel (im Museo della Civilità Romana sind zwei bedeutende Abdrücke zu sehen: ein Mädchen mit Hund und Taube und ein Mädchen, das eine wunderschöne Katze an sich drückt).

Einige Funde beweisen aber auch, daß nicht nur die Haustiere Gegenstand der Spiele des römischen Kindes waren.

Im Museo archeologico von Ostia zeigt eine Pyxis aus Knochen einen Eroten, der einen Hasen neckt, und auf einem Grabstein in den Domitilla-Katakomben ist ein Kind dargestellt, das hinter einem Pfau herläuft. Auf den römischen Grabmälern sind oft kleine und große Mädchen mit denjenigen Tieren dargestellt, die ihnen zu Lebzeiten besonders lieb waren. Oft spielten die Kinder auch mehr oder weniger bewußt grausame Spiele.

Pollux berichtet, daß "die Jungen, nachdem sie einen Leinenfaden (an einen Skarabäus) gebunden hatten, diesen wieder freiließen; im Flug umwickelte der Faden das Tier dann wie eine Spirale", und sie spielten auch mit dem Hirschkäfer: Sie schnitten dem Tier den Kopf ab und aus dessen gewaltigem Geweih bauten sie eine Miniaturlyra.

Kind, das hinter einem Pfau herläuft, Grabstein, 3. Jh. n.Chr. Rom, Domitilla-Katakomben

Kind mit Katze, Abdruck. Rom, Museo della Civiltà Romana. Das Original befindet sich in Bordeaux, Musée d´art ancien

Spielzeugtiere

Wenn man schon kein Tier als Spielgefährten sein Eigen nennen kann, gibt es doch immer noch die Alternative, eines aus Holz oder Ton zu besitzen. Das Kind erfreut sich dann gerne daran, wie treu dieses Tier ihm an eine Kordel gebunden folgt.

Die Spielzeugtiere bilden den größten Anteil der Funde aus dem Altertum. Viele davon hatten sicherlich auch eine rituelle, dekorative oder votive Funktion.

Die Tierarten, die diese Zoos bevölkerten, waren ebenso zahlreich wie die Verwendungen, die Bräuche, die religiösen Überzeugungen und die geographischen Räume der Handwerker, die sie herstellten. Auf diese Weise begegnen wir in Spielzeug verwandelten Mäusen und Tigern, Hähnen und Hühnern, Löwen, Pferden, Wildschweinen, Widdern, Stachelschweinen, Nilpferden und Krokodilen.

Wenn auch die Zeugnisse in anderen Kulturen nicht fehlen, so wurde das Pferd doch hauptsächlich in der römischen Kultur dargestellt, die sich für Pferde und Pferderennen begeisterte (ein herrliches Pferd aus Terrakotta ist in Köln zu sehen). Viele dieser Pferde haben an den Nüstern ein Loch, an dem sich eine Kordel befestigen läßt. Auf diese Weise konnte das Kind seiner Phantasie freien Lauf lassen und das Pferd im wildem Galopp reiten.

Besonders bemerkenswert ist die große Anzahl an Kleintieren wie Hähne, Hühner, Gänse, Enten und ganze Hühnerställe, die aus der römischen Epoche stammen.

Kind mit Hund und Taube, Begräbnisstele, Abdruck. Rom, Museo della Civiltà Romana. Das Original befindet sich in Florenz, Galleria degli Uffizi

Pferdchen (aus Mainz), Rom, Museo della Civiltà Romana. Das Original befindet sich in Köln, Römisch-Germanisches Museum

Hühnerstall, Abdruck. Rom, Museo della Civiltà Romana. Das Original befindet sich in Köln, Walraff-Richartz-Museum

Oft waren es die Kinder, die sich das Spielzeug selbst bauten und dabei alles verwendeten, was sie im Haus finden konnten.

Kind mit Wagen, choús, Mitte des 5.- Anfang des 4. Jh. v.Chr. Florenz, Museo archeologico

Die kleinen Wagen

Neben den Spieltieren mit Rädern gab es auch richtige Wagen mit einem, zwei, drei oder vier Rädern.

Das belegen zahlreiche Funde aus allen Kulturen und in allen Regionen.

Auf einen dieser Wagen bezieht sich ein Vater, als er sagt:"... du warst sechs Jahre alt und konntest kaum richtig sprechen, aber mit dem ersten Obolus, den ich als Richter verdiente, kaufte ich dir einen Wagen".

Am häufigsten finden sich ganz einfache Modelle, die nur aus einer Achse bestanden, an der zwei Räder befestigt wurden, wie sie oft auf Vasen oder Grabstelen dargestellt sind.

Zu den Wagen zählen wir auch ein noch einfacheres Spielzeug, das sich die Jungen oft schon alleine aus einem einfachen Ast mit Astgabel, an der sie ein einzelnes Rad befestigten, bauten, wie der Sarkophag der Artemidora im Museo nazionale in Rom belegt. Dieses Spielgerät findet sich auch mit drei und vier Rädern. Auf einem Sarkophag im Museo nazionale in Rom ist eine Reiseszene dargestellt, und auf jedes der beiden Enden sieht man einen *carpentum*, der von Personen von hohem Rang besetzt ist, während in der Mitte unter einem Baum zwei Kinder jeweils mit einer Gans und mit einem dreirädrigen Wagen spielen.

Kind auf einem Wagen, Abdruck. Rom, Museo della Civiltà Romana. Das Original befindet sich in Köln, Römisch-Germanisches Museum

Kind auf einem Wagen, von zwei Spielkameraden gezogen, Fresko aus Herkulaneum. Neapel, Museo archeologico nazionale

Kind mit dreirädrigem Wagen, Fries eines Grabdenkmals aus dem 3.-4. Jh. n.Chr. Rom, Museo nazionale romano

Kind mit Wagen, Grabstein. Rom, Grab des Zyriakus, Domitilla-Katakomben

Kind mit Reifen, Terrakotta. Neapel, Museo archeologico nazionale

Der Kreisel

Der Kreisel ist eines der ältesten Spiele. Er war auch schon in archaischer Zeit weit verbreitet und zur Zeit Homers bekannt.
Man hat verschiedene Typen gefunden: Am häufigsten war die Kegelform mit einem spitz zulaufenden Ende. Man drehte den Kreisel mit Hilfe einer Kordel, die um den Kreiselkörper in die dafür vorgesehenen parallel verlaufenden Rillen gelegt wurde (im Italienischen nennt man diesen Kreisel "paleo") oder mit Hilfe einer Peitsche, wie im Inneren einer Kylix im Museo arecheologico von Florenz, von der leider nur Fragmente erhalten sind, zu sehen ist. Sie zeigt den spielenden Hermes.
Hermes war der Schutzgott des Glücksspiels und im erweiterten Sinne aller Spiele.
Der Kreisel wurde von vielen Dichtern besungen, darunter auch Vergil: "Wie der Kreisel unter der geneigten Peitsche fliegt, den die Kinder in einem großen Kreis im leeren Hof ganz versunken ins Spiel müde machen; dieser dreht sich, geführt von einer Schnur, und versetzt die darübergebeugte ahnungslose Kinderschar, die den unbeständigen Buchsbaum betrachtet, staunend".
Plinius der Ältere behauptet, daß die Kreisel zu seiner Zeit aus Buchsbaumholz hergestellt wurden.

Das Spiel mit dem Reifen

Unter den Darstellungen der römischen Kultur findet sich eine große Anzahl von Abbildungen, die das Reifenspiel zeigen. Hier sieht man aber immer nur einen einzelnen Spieler und im Allgemeinen wird der Stock, der dazu dient, den Reifen rollen zu lassen, gerade und nicht hackenförmig, wie in den Darstellungen anderer Kulturen, abgebildet. Der Reifen ist das Symbol der jugendlichen Götter wie z.B. Eros, der Gott der Liebe, und Ganymedes aus dem königlichen Geschlecht Trojas, dem Mundschenk des Zeus.
Von den Reifen ist kein Exemplar erhalten geblieben, aber nach einer alten Vorschrift sollten sie bis an die Hüften der Kinder reichen, und auf diese Weise werden sie auch auf vielen rotfigurigen Vasen und Reliefs dargestellt.
Normalerweise waren sie aus Bronze.
Die einfachsten Reifen waren nichts anderes als die Felge eines Wagenrades, wie auch Marztial belegt, der die Vokabel in einem Epigramm je nach ihrem sprachlichen Gebrauch unterscheidet: *rota* im Sinne des Arbeitsgeräts, also Rad, und *trocus* im Sinne des Spielgeräts, also der Reifen der Kinder.
Das Reifenspiel wurde auch als körperliche Übung empfohlen, und deshalb wurde es auch von den Athleten in der Palästra ausgeübt. Hyppokrates, der Begründer der griechischen Medizin, verschreibt den Reifen für Fälle, in denen ein therapeutisches Schwitzen erzeugt werden muß.
Ein herrliches Beispiel für das Spiel mit dem Reifen kann auf dem Deckel eines Sarkophags im Museo nazionale romano be-

Kind mit Reifen, Grabstein. Rom, Katakomben des Praetextatus

wundert werden, auf dem eine ungewöhnliche Szene dargestellt ist, ein "Wettrennen" mit dem Reifen. Diese Interpretation ist belegt durch die Tatsache, daß diese Szene in einem Zirkus stattfindet, einem Ort in dem normalerweise die Wagenrennen ausgetragen wurden.

Die Marionetten

Vermutlich gab es im Altertum diejenigen Puppenspiele nicht, in denen Handpuppen verwendet wurden wie die heutigen, die aus einem Holzkopf bestehen, an dem ein Kleid mit Ärmeln befestigtist, das wie ein Handschuh über die Hand gezogen wird, um die Puppe zu bewegen. Man kannte aber Marionetten, die man in religiösen Zeremonien verwendete noch bevor sie Spiel und Schauspiel wurden.

Im Museo teatrale alla Scala in Mailand werden drei Funde aufbewahrt, bei denen es sich um einfache Marionetten handeln könnte, die für ein Theater für den Hausgebrauch hergestellt wurden, beim dem die Phantasie mehr als die Technik im Vordergrund stand. Eine dieser Marionetten stellt einen Krieger in orientalischer Kleidung dar, die andere ein Kind, das auf einem Hund steht: mit der einen Hand hält er ihn an der Leine und mit der anderen bewegt er dessen Schwanz über eine Kordel. Die dritte Marionette ist ein Mädchen, das mit Hilfe eines Hackens am Kopf bewegt wurde.

Funde dieser Art sind nur für die ersten Jahrhunderte unserer Zeitrechnung belegt.

Krieger in orientalischem Gewand, römische Terrakotta. Mailand, Museo teatrale alla Scala

Kind als Akrobat, römische Terrakotta aus Kapua. Mailand, Museo teatrale alla Scala

DIE SPIELE DER ERWACHSENEN

Bankettspiele und Spiele im Freien. Das Spiel des “kòttabos”

In Griechenland und Rom engagierte man für große Bankette Musiker, Akrobaten, Tänzer und organisierte zur Unterhaltung der eingeladenen Gäste Geschicklichkeitsspiele. Der Lexikograph Pollux zählt allein 52 auf, bei denen es sich hauptsächlich um Ratespiele und Rätsel handelt.

Das am häufigsten erwähnte Spiel ist das sogenannte *kòttabos*, das nach der Auffassung Anakreons im 5. Jh. v.Ch. in Sizilien entstand, sich dann bis nach Griechenland und Etrurien ausdehnte, in Rom aber offenbar nicht praktizierte wurde.

Für dieses Spiel stellte man in der Mitte des Saales einen Metallstab auf. Auf der Spitze des Stabes stand in labilem Gleichgewicht ein durchlöchertere kleiner Teller. Die Aufgabe des spielenden Gastes war es, diesen Teller mit einem Spritzer Wein umzuwerfen.

Zu diesem Zweck nahm er einen mit Wein gefüllten Kelch, hängte diesen mit einem der beiden Henkel an seinen Zeigefinger und drückte gleichzeitig den Boden des Kelchs gegen die Innenseite des Handgelenks. Dann schleuderte er mit einer schnellen und gezielten Bewegung die Flüssigkeit gegen das Ziel, um es auf diese Weise umzustoßen.

In der ursprünglichen sizilianischen Version standen die Spieler. Die

Das Spiel des kòttabos, *Krater, “CA Painter”. Neapel, Museo archeologico nazionale*

Jongleur, Grabsäule der Settimia Spica, Abdruck. Roma, Museo della Civiltà Romana. Das Original befindet sich in Mantua, Palazzo Ducale

Weinmenge, die beim Spritzen geworfen wurde, definierte man *latax* oder *latàghe*. Für beide Methoden finden sich Belege in den ikonographischen Zeugnissen. Scheinbar war die liegende Position gebräuchlicher, wie auf zwei Kratern im Museo archeologico nazionale in Neapel zu sehen ist.
Die wenigen erhaltenen *kòttaboi* stammen alle aus Etrurien.
Neben dem sportlerischen Aspekt galt dieses Spiel aber auch als Liebeserklärung: Wer das Ziel traf, durfte den Namen derjenigen Person aussprechen, deren Gunst er erwerben wollte, und ohne dabei auf Gefühle Rücksicht zu nehmen, wurde auch oft als Preis für den Gewinner eine der Dienerinnen der Hausherrin ausgesetzt. Dieser freizügige Aspekt des Spiels wird auf einer Kylix im Museo archeologico in Florenz dokumentiert, die Dionysos, eine Mänade und einen Satyr zeigt, während sie das *kòttabos* vorbereiten.
Wie bei vielen anderen Spielen, gab es auch hier denjenigen, der aus dem Klang des zu Boden fallenden Tellers Weissagungen für die Zukunft zu hören glaubte.
Dieses Spiel war auch bei den Etruskern sehr beliebt, die beide Positionen kannten, die stehende und die liegende.

Ballspiele

Im Altertum verfolgte man mit dem Ballspiel verschiedene Zwecke: Vergnügen, Geschicklichkeit, Therapie, Hygiene, Wettkampf.
Auch die Jongleure benutzten für ihre Vorstellung zur Unterhaltung der Gäste eines Banketts den Ball, oder besser gesagt, mehrere Bälle, oft aus Glas. Ein wunderschönes Exemplar davon ist in der Grabsäule der Settimia Spica. Die spielsportlichen Funktionen sind dagegen in der Literatur belegt, wo das Ballspiel sowohl als vorbereitende Übung als auch als therapeutische Maßnahme beschrieben wird.

Der erste literarische Beleg findet sich in der *Odyssee*. Die schöne Nausicaa und ihre Dienerinnen "vergnügten sich im Spiel mit einem Ball. ...Die Königin warf den Ball also zu eine der Dienerinnen, verfehlte die Dienerin und schleuderte den Ball in den tiefen Fluß".
Tatsächlich wird die Erfindung des Balls von Agallis, Gelehrte von Korkyra aus dem3. Jh. v.Ch., der Tochter Alcinoos zugeschrieben. Aber viele Autoren machen diesbezüglich andere Aussagen. Nach Herodot und Plinius stammt er von den Lydiern, andere glauben, daß er aus Sicione kommt, wieder andere geben Sparta an.
Die Varianten des Ballspiels waren sehr zahlreich und auf eine könnte sich die Statue im Museo di antichità in Turin beziehen.
Es handelt sich hierbei um das sogenannte "Dreiecksspiel" oder "Ballwerfen zu dritt", daß während der Kaiserzeit sehr beliebt war.
Drei Spieler stellten sich auf die Eckpunkte eines Dreiecks, von denen sie sich nicht entfernen durften. Das

Dreieck konnte auch auf dem Boden aufgezeichnet werden. Man spielte mit mehreren Bällen und die Spieler konnten plötzlich einen oder mehrere Bälle den anderen Spielern zuwerfen oder selbst auffangen. Die Geschicklichkeit des Spielers bestand darin, alle Bälle aufzufangen und wieder abzuwerfen.
Man spielte auf dem "Ballspielplatz", ein Saal, der eigens dafür bestimmt war. Der Ballspielplatz war in Griechenland und in den großen römischen Kaiserthermen üblich, wo das Ballspiel nur als Zeitvertreib praktiziert wurde, während die jungen Römer im republikanischen Zeitalter auf dem Campo Marzio spielten.
Die Ballspielplätze wurden auch in den Villen gebaut, die von wohlhabenden Persönlichkeiten während der Ferienzeit für den Müßiggang (*ad otium*) aufgesucht wurden, wie z.B. Plinius der Jüngere, der den Saal, der in seiner Villa in der Toskana für das Ballspiel vorgesehen war, folgendermaßen beschreibt: "Über den Umkleideräumen liegt der Saal für das Ballspiel, der ausreichend Platz für... mehrere Mannschaften bietet".
Die Vasenmalerei zeigt das Ballspiel auch als Zeitvertreib für eine einzelne Person, wie z.B. das "Schlagen" des Balls auf den Boden, oder das Hochwerfen und Auffangen oder, um diese Übung noch schwieriger zu gestalten, das gleichzeitige Hochwerfen von zwei, drei oder mehreren Bällen. Große Persönlichkeiten waren leidenschaftliche Anhanger des Ballspiels. Sophokles, Alexander der Große, Cäsar, Augustus, Marc Antoninus und auch andere wie Cato Uticense, Maecenas und Muzio Scevola. In allen Epochen ist die Vasenmalerei reich an Darstellungen vor allem von Frauen, die ihre Geschicklichkeit trainieren und einen oder mehrere Bälle in die Luft werfen – wobei der Ball teilweise auch durch Früchte wie Äpfel, Nüsse usw. ersetzt wird.

Der Tierkampf

Der Kampf oder Wettkampf zwischen Tieren war eine große Leidenschaft der antiken Völker, die dabei Hunde, Wachteln und vor allem Hähne einsetzten.
Unter den Kulturen des Mittelmeerbeckens war der Hahnenkampf eine Besonderheit der Griechen, Etrusker und Römer.

Hahnenkampf, Deckel einer Graburne. Ostia, Museo archeologico

Pygmäe reicht einem Hahn die Siegespalme, Mosaik aus der Gegend des Vesuvs, IV Stil. Neapel, Museo archeologico nazionale

Die ausgesetzten Preise hatten nicht nur symbolischen Charakter, wie die Krone oder die Palme, wie auf einem herrlichen Mosaik dargestellt ist, auf dem ein Pygmäe einem Hahn die Siegespalme überreicht, sondern sie bestanden auch in reichhaltigen Geldbeuteln.

Hahnenkampf, Öllampe, 2. Jh. n. Chr. Mailand, Museo teatrale alla Scala

Die Hahnenkämpfe waren eine blutige Darbietung, und der Grund für deren Ausübung lag sicher nicht in dem Schauspiel an sich, sondern vor allem in den Wetten, die über den Sieg einer der beiden Gegner abgeschlossen wurden.

Leidenschaftliche Anhänger des Wachtelnkampfes waren auch Oktavian und Antonius, aber die Tiere des Oktavians waren denen des Antonius immer überlegen.

Das Glücksspiel, die Würfel

In jeder Epoche und in jeder Kultur hat der Staat immer wieder versucht, das Glücksspiel wegen seiner negativen Folgen zu regeln oder sogar zu verbieten.

Hierin bildet die römische Kultur keine Ausnahme.

Vor allem in Rom hatte das Glücksspiel zu zahlreichen Exzessen geführt. Die Römer hatten schon zur Zeit der Republik sehr strenge Regeln erlassen. Die *lex alearia* unterdrückte das Würfelspiel, indem sie den Spielgewinn mit dem Vergehen des Diebstahls gleichsetzte und ein Bußgeld festlegte, das dem Vierfachen des Einsatzes entsprach. Außerdem wurden die Spielschulden nicht anerkannt, und der Gläubiger konnte auch nicht gesetzlich gegen einen Schuldner vorgehen.

Während der Saturnalien waren allerdings die Wetten gestattet: "An diesen Tagen der ungehemmten Heiterkeit, die dem alten Gott mit der Sichel gewidmet sind, in denen die absoluten Herrscher die Würfel sind" und auch die Wetten während der Sportkämpfe waren erlaubt.

Sogar die antiken Autoren sind sich nicht einig darüber, wer die Würfel erfunden hat. Platon schreibt ihre Erfindung dem Gott Thot zu, Herodot den Lydiern.

Dagegen ist Pausanias der Auffassung, daß ihre Erfindung dem griechischen Krieger Palamedes zu verdanken sei, der wegen seiner Intelligenz so bekannt war, daß man ihm auch verschiedene andere Erfindungen zuschrieb, wie z.B. die der Zahlen und die Einführung der Gewichte und Maße.

Die antiken Würfel waren fortschreitend von eins bis sechs, durch kleine eingravierte Kreise mit einem Punkt in der Mitte, numeriert.

Eustach schreibt, daß die Würfel so numeriert werden müssen, daß die Summe der Zahlen auf zwei einander gegenüberliegenden Flächen immer sieben ergibt.

Die Würfel wurden aus den unterschiedlichsten Materialien hergestellt, von den einfachsten wie Ton, Blei, Bronze, Knochen, Glas (Quarz) bis hin zu den kostbarsten wie Gold, Bernstein und Elfenbein.

Würfel in Kreiselform mit acht Flächen. Mailand, Museo teatrale alla Scala

Es gab auch vielflächige Würfel. Man stellte sie aus normalen Würfeln her, indem man diesen die acht Ecken abschnitt. Die sechs normalen Flächen trugen dann die Buchstaben ND-NG-NH-LS-SZ und TA, die Flächen der Ecken Nummern von eins bis acht mit eingravierten Zahlen und Buchstaben.
Im Museo teatrale alla Scala in Mailand werden zwei dieser Würfel aufbewahrt, einer etwas kleinerer als der andere, die nur mit Zahlen von eins bis zwölf beschriftet sind. Wenn ma mehr Zahlen benötigte, als auf den kubischen Würfeln abgebildet waren, benutzte man einen kleinen Kreisel, auf dessen Seiten die Werte eingetragen waren. Einer dieser Kreisel, der ebenfalls im Museo teatrale alla Scala aufbewahrt wird, hat acht Flächen, die von 1 bis 7 numeriert sind, während die achte Fläche die Nummer 10 trägt. Während der Kaiserzeit spielte man in Rom mit drei Würfeln, zu Beginn des Imperiums sogar nur mit zwei, die man auf einen Tisch – *alveus* – oder ein Brett warf, um dann, wie heute, die geworfene Punktzahl zu errechnen.

Verschiedene Würfel. Mailand, Museo teatrale alla Scala.

Natürlich war die höchste Punktzahl dann erreicht, wenn man mit allen drei Würfeln die Sechs warf.
Wie bei den Astragalen hatten auch hier die verschiedenen Wurfkombinationen einen Namen. Drei Sechsen nannte man den "Wurf der Venus", während die Eins, der niedrigste Wert und damit wenig gewinnbringend, der "Wurf des Hundes" genannt wurde, woraus sich (im Italienischen) die Redensart "giocare da cani" (schlecht spielen) ableitet.
Nero spielte mit Würfeln mit Einsätzen bis zu vierhunderttausend Sesterzen pro Punkt. Wir haben Belege für schwindelerregende Gewinne wie der des vom Glück begünstigten Pompejaners, der in Nocera die gewaltige Summe von 855 Denar, d.h. 3422 Sesterzen, gewann.
Wie bei allen Glücksspielen war auch das Laster des Falschspielens eine durchgängige Nebenerscheinung. Dabei wurden viele verschiedene Methoden praktiziert, vom einfachen Falschlesen der Punkte, wobei deren Wert angehoben oder gesenkt wurde, bis zur komplexeren Manipulation der Würfel, wobei im Inneren Gewichte angebracht wurden, die den Fall des Würfels auf die gewünschte Zahl bewirken sollten. Dieser Eingriff war ziemlich leicht, wenn man bedenkt, daß die meisten Würfel aus den Tierknochen der unteren Gliedmaße hergestellt wurden. So wurde z.B. das Schienbein quadratisch geschnitten, dann wurde das Knochenmark herausgenommen und der Knochen mit festerem Material gefüllt; schließlich wurden die beiden Seiten mit zwei kleinen Deckeln aus Knochen geschlossen.
Ein bekannter Falschspieler war der Kaiser Caligula der "nicht nur den Gewinn aus dem Spiel nicht verachtete, sondern vor allem durch Lüge und falsche Aussagen gewann".
Trotz der Gesetze und der Ermahnungen durch Literaten und Dichter waren viele Kaiser leidenschaftliche Würfelspieler. Der Kaiser Vitellius "stand an der Spitze... wegen seiner Fähigkeiten im Würfelspiel", und Claudius, der nach Aussagen des Svetonius "leidenschaftlich mit den Würfeln spielte... und sich damit auch während der Reisen unterhielt, hatte an seinem Wagen einen Abakus so befestigen lassen, daß die Bewegung das Spiel nicht störte". Wegen seiner großen Leidenschaft sieht Seneca Claudius in der Unterwelt zum ewigen Würfelspiel mit einem Würfelbecher ohne Boden verdammt: eine wahre Qual für einen Spieler.
Dieser Kaiser schrieb auch ein Buch über diese Kunst. Domitian "erfreute sich jedes Mal, wenn er müßig war, mit dem Würfelspiel, auch an Arbeitstagen und in den morgentlichen Stunden", und Augustus "spielte zum Vergnügen, ohne es zu verheimlichen, auch als alter Mann" und, in einem seiner Briefe an Tiberius, schreibt er: "... wir haben den ganzen Tag gespielt und haben den Spieltisch warm gemacht". Der Kaiser Verus "hegte eine echte Leidenschaft für das Würfelspiel" und "konnte die ganze Nacht mit dem Würfelspiel verbringen, ein Laster, das er sich in Syrien angeeignet hatte".
Schließlich dürfen wir auch nicht die Würfel vergessen, mit denen die römischen Soldaten auf einer Steinplatte um die Kleider des gekreuzigten Christus spielten. Der Tradition nach, soll diese Platte diejenige sein, die heute im Kreuzgang der Basilika San Giovanni in Laterano in Rom aufbewahrt wird.

DIE RÖMISCHEN BRETTSPIELE

"Ludus latrunculorum"

Neben den Glücksspielen kannten die Römer auch Denk- und Rechenspiele, wo die Würfel nicht eingesetzt wurden und wo deshalb Geschicklichkeit und Intelligenz besonders gefragt waren: "Wenn du vom Studium müde bist aber nicht untätig bleiben willst, sondern dich einem Geschicklichkeitsspiel widmen willst, dann öffnet sich ein Brett den klugen Handhabungen der Stücke ".

Wir sprechen vom *ludus latrunculorum*, dessen Name aber nicht, wie das Wort eingeben könnte, "Spiel der Diebe" (vom Italienischen "ladruncolo" = Dieb) bedeutet, sondern "Spiel der Soldaten" – von *latro*, d.h. "Soldat, Söldner". Es handelt sich also um ein Spiel, das in die Kategorie der Kriegsspiele gehört. Man spielte auf einem Brett, das sogenannte *tabula latruncularia*, das durch parallel verlaufende horizontale und vertikale Linien unterteilt war, die viele Quadrate bildeten und "Häuser" genannt wurden. Ein schönes Beispiel ist das Brett im Antiquarium comunale in Rom.

Einige glauben, daß das Spiel auf einem Brett mit 15 Feldern auf jeder Seite und 30 Spielfiguren pro Spieler gespielt wurde, aber nach den Funden zu urteilen ist diese Möglichkeit auszuschließen.

Die Spielfiguren, *calces*, hießen hier *latrones*. Man hat Exemplare aus Stein, Glas und Edelsteinen gefunden, und sie unterscheiden sich aufgrund ihrer Farbe, wobei sie nicht nur schwarz oder weiß sein konnten, und viele von diesen Figuren weisen eine künstlerische Gestaltung auf. Ein Beispiel hiefür sind zwei Gruppen von Spielfiguren. Die erste besteht aus fünfzehn Figuren, die aus Knochen und Elfenbein gestaltet sind, und ist im Museo teatrale alla Scala in Mailand aufbewahrt, die zweite hat sechs Figuren und befindet sich im Antiquarium comunale in Rom.

Spielanleitung

Für die Anleitung zu diesem Spiel werden wir uns, trotz vieler unklarer Punkte, der Verse eines Gedichts bedienen, das Calpurnio Siculo zugeschrieben wird, das wir dann mit Schriften Ovids, Varros und Isidoros ergänzen.

Um dem brettspielbegeisterte Leser die Möglichkeit zu geben, eine Partie mit den latruncoli zu spielen, werden wir oft gezwungen sein, auf unsere Phantasie und manchmal auch auf ein Mindestmaß des unverzichtbaren gesunden Menschenverstand zurückzugreifen.

Wir verwenden also ein quadratisches Brett mit acht Feldern auf jeder Seite und zehn Spielfiguren pro Spieler. Nach unsere Auffassung

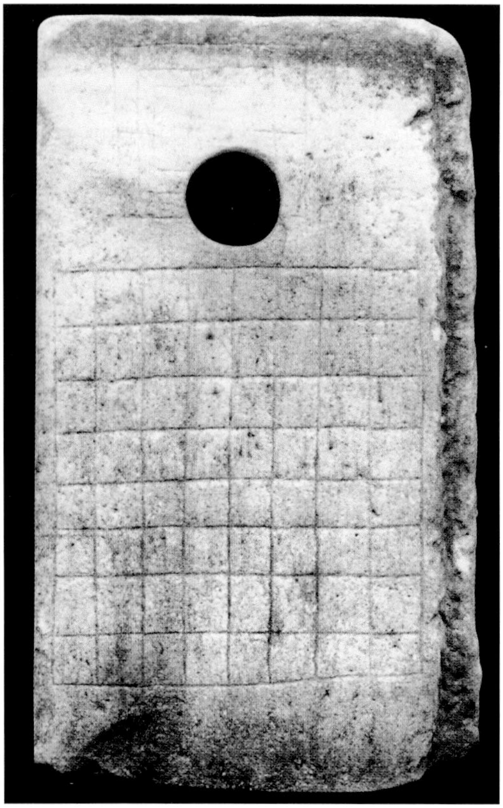

Spielbrett für das ludus ladrunculorum *aus der Kaiserzeit. Rom, Antiquarium comunale*

bestand jeder Figurensatz aus drei verschiedenen Kategorien:
- der Kommandant, *bellator*. Diese Figur konnte sowohl vorwärts als auch rückwärts bewegt werden. Ovid gibt diesbezüglich klare Hinweise: "... und der Kommandant kann, wenn er ohne die Gefährtin gefangen wird, weiter kämpfen, sowohl nach vorne als auch nach hinten". Wir glauben, daß diese Figur, eben weil sie den Kommandanten darstellt, auch seitlich bewegt werden konnte;
- die Kuriere (von denen wir die Anzahl nicht kennen), die nur auf der senkrechten Linie vor- und rückwärts bewegt werden konnten, aber über beliebig viele Felder. Das bestätigt Ovid: "... daß der Soldat mit der unterschiedlichen Farbe auf der senkrechten Linie vorrücke, wenn sich eine Figur in Gefahr befindet, zwischen zwei feindlichen Figuren";
- die Wanderer (auch von ihnen kenne wir die Anzahl nicht), die über eine größere Bewegungsfreiheit verfügten, denn sie durften wahrscheinlich auch quer bewegt werden. Als Beweis dafür erstellt Varro eine Parallele zur lateinischen Sprache und sagt: "... einer quer, der andere senkrecht, wie es auf einem Brett, auf dem die *latruncoli* spielen, üblich ist".
Wir glauben, daß die Wanderer auch rückwärts bewegt werden konnten, denn Ovid sagt: "... und ein vorgerücktes Stück zurückrufen und sich in Sicherheit zurückziehen, bewege er sich nicht ohne einen Kameraden". Die verschiedenen Gruppen unterschieden sich wahrscheinlich durch die Form aber auch durch unterschiedliche Farben. So hat man in der Nähe von Perugia 816 Spielfiguren aus blauem, gelbem und weißem Glas gefunden.
Wir vermuten also, daß die Schlacht mit einem *bellator*, sieben Kurieren und acht Wanderern für jeden Spieler ausgetragen wurde.
Nachdem ausgelost worden war, wer das Spiel begann, stellte der Gegner sein Heer auf und das Spiel fing an.
Der Gegner mußte, um eine Spielfigur zu fangen, diese mit zwei seiner eigenen Figuren einkreisen: "... ein Stück von einer anderen Farbe geht wegen zweier Feinde verloren", informiert und Martial, und Ovid erklärt genauer: "... und sei aufmerksam beim Spiel der *latruncoli*, denn eine Figur alleine zwischen zwei Gegnernist verloren".
Calpurnio Siculo schreibt: "Der andere ist schon zwischen zweien eingeschlossen, aber zwei fesselt er selbst", als bezöge er sich hier auf einen Zug, bei dem beide unterliegen; und er beharrt auf diesen Gedanken: "... und dort ein anderer, der sich kühn in die Menge wirft und während er sich preisgibt, auf den Feind zuschlägt".
Die Figuren, die nicht bewegt werden konnten, nannte man *inciti* (von *incitare*, "antreiben"). Das Spiel verlor derjenige Spieler, dessen

Spielfiguren. Mailand, Museo teatrale alla Scala

Figuren blockiert waren, und die guten Spieler waren diejenigen, die auch nach dem Sieg noch viele Figuren hatten: "Indessen bleibt deine Schlachtreihe, trotz stolzer Kämpfe vereint und nur um wenige Kämpfer beraubt, du gewinnst und hast zahlreiche Gefangene in deiner Hand". Für den Sieg genügte es aber, wenn man eine Figur mehr als der Gegner hatte. Das läßt sich einer Textstelle bei Seneca entnehmen: Giulio Cano "spielte *latruncoli*", als der Zenturio, der das Heer der Verurteilten führte, auch ihm den Befehl gab, zu kommen. Er zählte seine Figuren und sagte zu seinem Kameraden: 'Sieh dich vor, nach meinem Tod nicht fälschlicherweise zu sagen, du hättest das Spiel gewonnen', und dann winkte er den Zenturio herbei: 'Du wirst Zeuge sein, daß ich mit einem Punkt im Vorteil war'".
Jetzt entzündet sich die Schlacht. "An diesem Punkt gehen die Soldaten aus Glas zum Angriff über, und dort wo gerade ein Weißer die Schwarzen fesselt, erscheint sogleich ein Schwarzer und fesselt die Weißen... Auf tausend Arten kämpft deine Armee. Und hier einer, der auf seinem Weg denjenigen eliminiert, der ihn verfolgte, und dort ein anderer, der aus entfernten Schlupfwinkeln herbeieilt, wo er sich verborgen hielt".
Der Sieger wurde zum *Imperator* ernannt: "Und einmal spielte man also während eines Banketts *latruncoli* und er war schon zehn Mal zum Kaiser ernannt worden, als ein Kerl, der wegen seiner witzigen Einfälle bekannt war, ausrief: 'Auf dein Wohl, Augustus'".
Diese Spiele waren nicht vom Gesetz verboten, im Gegegenteil, ihre Meister wurden oft gefeiert. Uns sind sogar die "Heldentaten" vieler

mehr oder weniger berühmter *latruncoli*-Spieler überliefert worden. Ein Epitaph des *curator civium romanorum* der Stadt Auch, ein Richter, der die Aufgabe hatte, die Geschäfte zu überwachen, berichtet uns, daß er, außer dieses hohe Amt zu bekleiden, auch noch Lehrer für Kalligraphie und *latruncoli*-Spieler war, und zwar ein sehr guter Spieler, denn seine Geschicklichkeit auf diesem Gebiet wurde als Ehrentitel vermerkt.

Unter den berühmten Persönlichkeiten treten besonders der Geschichtsschreiber Giulio Cano, von dem wir gerade gesprochen haben, und Calpurnio Pisone hervor.

Dieses Spiel wurde in jedem Alter sowohl von Männern als auch von Frauen gespielt. Plinius der Jüngere erzählt, daß "eine fast achtzigjährige Matrone... die Angewohnheit hatte..., sich beim *ludus latrunculorum* zu erholen", und diese Angewohnheit war nach Macrobius weit verbreitet: "die meisten Leute verbringen den Tag damit, *latruncoli* zu spielen", und ebenso Seneca: "Ich spreche gar nicht von denen – denn die Liste würde zu lang – die ihr Leben damit verbringen *latrunculi* zu spielen". Schließlich versichert Plinius, daß die Affen in der Lage seien, das Verhalten der Menschen perfekt zu imitieren, unter der Voraussetzung, daß sie Gelegenheit hätten, die verschiedenen Handlungen oft zu beobachten; nun behauptet er, daß auch die Affen das *latrunculi*-Spiel beherrschten!

Duodecim scripta

Das römische Spiel mit dem Namen *duodecim scripta* entspricht in seinen Grundregeln unserem (italienischen) "tric-trac", das in den angelsächsischen Ländern Backgammon heißt. Dieses Spiel war bei den Römern sehr beliebt, vor allem in der Kaiserzeit. Ein Beweis dafür ist die große Anzahl an erhaltenen Spielbrettern und die Tatsache, daß auf vielen Grabsteinen zwei Spieler abgebildet sind, die Spielbretter auf den Knien halten und eine Partie spielen. Hier war sicher die große Leidenschaft des Verstorbenen für Brettspiele der Grund dafür, daß man dessen großes Geschick hierin verewigen wollte. Zwei großartige Funde mit diesem Thema sind im Museo di antichità in Turin zu sehen: ein Grabstein und eine Gruppe aus Bernstein aus Gravellona Toce.

Spielbrett für das Spiel der XII Linien. Rom, Katakomben der Hl. Tecla

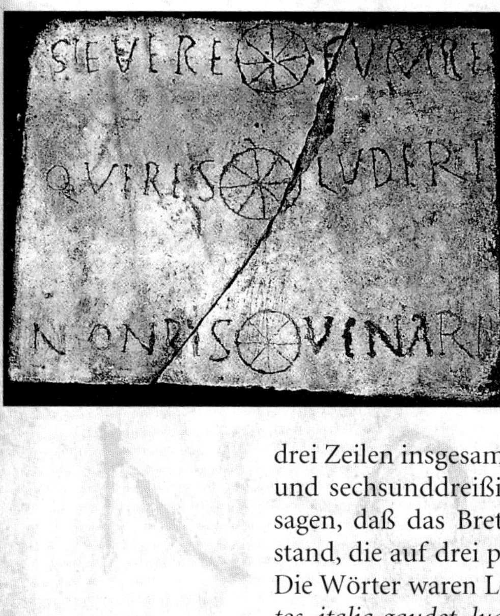

Diese Spiel wurde auf einem Brett gespielt – meist aus Marmor –, das mit Wörtern beschrieben war, die alle aus sechs Buchstaben bestanden. In einer Zeile standen jeweils zwei Wörter und insgesamt hatte das Brett drei Zeilen. Bei zwei Wörtern pro Zeile und drei Zeilen insgesamt ergab sich also eine Summe von sechs Wörtern und sechsunddreißig Buchstaben. Zusammenfassend läßt sich also sagen, daß das Brettspiel des *duodecim scripta* aus 36 Feldern bestand, die auf drei parallelen Zeilen angeordnet waren.

Die Wörter waren Lobpreisungen der römischen Siege wie *hostes victos, italia gaudet, ludite romani*, (das heißt: die besiegten Feinde, Ita-

Spielbrett für das Spiel der XII Linien aus dem Castrum Praetorium. Rom, Musei Capitolini

lien freut sich, Römer spielt!) oder sie bezogen sich auf die Leidenschaft der Römer für die Zirkusspiele: *circus plenus, clamor ingens, ianvae to...* (der Zirkus ist voll, der Lärm ist gewaltig, die Türen t...).
In den Katakomben Priscillas und der Hl. Tecla hat man Tafeln gefunden, mit denen wahrscheinlich die Gräber geschlossen wurden. Eine davon weist eine besondere Gestaltung auf, denn sie wurde als Speisekarte einer *caupona* verwendet: sie informierte über die Speisen im Angebot und diente gleichzeitig dem Kunden als Spielgerät mit den Sätzen: "abemus cena, pullum piscem, pernam paonem" (zum Mittagessen gibt es Huhn, Fisch, Rebhuhn und Pfau).
Oft waren die Spielbretter auf beiden Seiten verwendbar: auf der einen war das Spielbrett des *duodecim scripta* aufgezeichnet, auf der anderen das *ludus latrunculorum*, von dem wir schon gesprochen haben. Als Spielsteine verwendete man glatte und flache Metallplättchen, denn ein Haus konnte mehrere davon aufnehmen.

Spielbrett für das Spiel der XII Linien. Ostia, Museo archeologico

Spielbrett für das duodecim scripta, *Abdruck. Rom, Museo della Civiltà Romana. Das Original befindet sich in Trier, Rheinisches Landesmuseum*

Auf der einen Seite waren Nummern eingraviert. Auf Grund einer großen Anzahl von Quellenbelege ist zu schließen, daß diese vermutlich von I bis XV gingen. Die andere Seite war häufig mit Dekorationen geschmückt, wie z.B. die Darstellung der Sonne oder zweier Musen.

Die Spielregeln

Wenn wir davon ausgehen, daßdas Spielbrett mit seinen XII Linien dem heutigen Backgammon sehr ähnlich war, dann müßte es auch möglich sein, die Regeln dieses modernen Spiels teilweise für das *duodecim scripta* anzuwenden. Bei der Rekonstruktion der Spielregeln helfen wir uns mit dem Spielbrett, das in Ostia gefunden wurde und auf dem nur die Buchstaben A-B-C-D-E anstelle der üblichen Sätze zu lesen sind. Möglicherweise sollte auf diese Weise den Anfängern der Einstieg in das Spiel erleichtert werden, damit diese die Richtung der Spielzüge, die ja den Weg A-B-C-D zurücklegen müssen, schneller begreifen konnten. Das Spielbrett zeigt sich dann folglich so: CCCCCC BBBBBB, AAAAAA AAAAAA, DDDDDD EEEEEE. Die drei Kreise zwischen den Wörtern hatten also für den Spielverlauf keine Bedeutung.
Dem Spielbrett aus Ostia folgend war die Spielstrecke, im Gegensatz zum heutigen Backgammon, für beide Spieler gleich, denn das Eingangsfeld A besteht aus 12 Feldern und konnte somit die gesamten 30 Spielsteine aufnehmen. Im Spielverlauf wird aber deutlich, daß es logischer und gleichzeitig auch unterhaltsamer ist, zwei verschiedenen Strecken zu folgen: ABCDE der eine Spieler und ADEBC der andere.
Sicherlich entschied das Los, wer zuerst seine Steine bewegen durfte, und das war, wenn wir eine Stelle bei Quintilian richtig interpretieren, von Vorteil: "Scèvola spielte *duodecim spriptorum*, tat den ersten Zug und gewann... als er nach dem Spiel im Geiste jeden Spielzug zurückverfolgte, erkannte er den falschen Spielzug". Die Betonung des "ersten Spielzugs" bedeutet hier also soviel wie "obwohl er den Vorteil des ersten Zuges hatte".
Gespielt wurde mit 30 Spielsteinen, 15 weißen und 15 schwarzen, die entsprechend der mit drei Würfeln geworfenen Zahl bewegt wurden. Der Spieler konnte seine Steine auf die folgenden Arten bewegen: einen Stein, indem er die Punktzahl aller drei Würfel summierte; zwei Steine, den einene indem er die Punktzahl zweier Würfel summierte und den anderen Stein um die Punktzahl des dritten Würfels; drei Steine, indem er die Punktzahlen der einzelnen Würfel verwendete.
Jedes Buchstabenfeld konnte mehrere Steine aufnehmen. Der Spieler hatte erst dann freien Durchgang und Zugang zu dem Feld B, wenn er zuvor alle seine Spielsteine in den Bereich A gebracht hatte. Sobald der Spieler in die anderen Felder (B-C-D-E) vorrückte, mußte er dafür

Spielbrett für das Spiel duodecim scripta. *Rom, Priscilla-Katakomben*

sorgen, zwei oder mehrere Steine in jedes Feld zu stellen, denn ein Stein alleine konnte von dem Stein des Gegners, der ebenfalls in dieses Feld vorrückte, angegriffen werden. Der isolierte und vom Gegner eliminierte Stein wurde vom Spielfeld genommen, und der Spieler war gezwungen, diesen bei der nächsten Runde erst wieder ins Spiel zu bringen, bevor er die anderen schon auf dem Spielfeld befindlichen Steine bewegen konnte. Sieger des Spiels war derjenige, dem es gelang zuerst alle seine Steine vom Spielbrett zu holen.

Während des Spielverlaufs wurde uns klar, daß die Steine oft das Spielfeld verlassen und deshalb gezwungen sind, noch einmal die ganz Spielstrecke von Anfang an zu durchlaufen. Dadurch wird das Spiel sehr lang und nach unserer Auffassung auch langweilig. Wenn wir davon ausgehen, daß das Spiel der XII Linien ein Glücksspiel war, auch wenn die Art der Summierung und zum Teil die Geschicklichkeit wichtig waren, und daß bei all diesen Spielen immer um Geld gespielt wurde, könnte man, jedes Mal, wenn ein Stein das Spielfeld verlassen muß, einen bestimmten Punktwert (z.B. einen Punkt) berechnen und eine höhere Punktzahl (z.B. 10 Punkte) für den Sieger am Ende des Spiels. Dadurch könnte das Spiel sicherlich spannender werden.

Plastisches Werk aus Bernstein mit Spielergruppe, aus der Nekropolis von Gravellona Toce. Turin, Museo di antichità

Das Spielbrett für *duodecim scripta* wurde im Laufe der Zeit verändert. Die Anzahl der Reihen wurde von drei auf zwei reduziert, diese Variante nannte man dann *tabula* oder "Spiel des Tavoliere". Der Spielverlauf blieb unverändert. Die Spielsteine beider Spieler wurden auf den sich gegenüberliegenden Feldern aufgestellt, wie beim heutigen Backgammon. Ein Spieler durchlief das Spielbrett dann im Uhrzeigersinn, der anderer gegen den Uhrzeigersinn.

Dieses Spiel verbreitete sich vor allem bei den oberen Kelten im 1. Jahrhundert v.Chr., und zwar so intensiv, daß die Kirche im Jahre 305 n.Chr. in der Synode von Elvira ein Verbot dagegen aussprach, sofern es mit Geld gespielt wurde. Um 730 n.Chr. verbot sie es dann endgültig.

Dieses Buch wurde im Auftrag der Elemond S.p.a
in der Niederlassung in Martellago Mondadori Printing S.p.a,,
Via Castellana 98, Martellago (Venedig) im Jahre 2000 gedruckt.